PRÉCIS HISTORIQUE

SUR

L'ÉCOLE POLYTECHNIQUE

LICENCIÉE

PAR LE MINISTÈRE SOULT-GUIZOT,

PRÉCÉDÉ

DE LA CAUSE DU LICENCIEMENT, DES NOMS DES GOUVERNEURS ET PROFES-
SEURS DE L'ÉCOLE, D'UNE NOTE SUR LES ÉCOLES MILITAIRES
— CONTENANT LE RÉCIT EXACT DES COMBATS
DE 1814 ET DE 1830.

50 centimes.

PARIS

JULES LAISNÉ, ÉDITEUR,

GALERIE VÉRO-DODAT.

1844

Le licenciement de l'École Polytechnique qui est aujourd'hui un fait accompli, acquiert un nouveau degré de gravité des circonstances dans lesquelles la France se trouve. La presse tout entière vient de donner tort au Ministère, et après le langage prudent du *Journal des Débuts*, un autre résultat était à espérer.

Nous avons pensé, dans l'intérêt de tous, qu'une *Histoire de l'École Polytechnique* serait la bien venue. Malheureusement une *Histoire des Écoles* est encore à faire, et nous avons été heureux de pouvoir détacher d'un travail important le Précis que l'on trouvera quelques pages plus bas, on y verra par les services rendus par l'École, quels sont ceux que l'on peut encore attendre d'elle.

CAUSES DU LICENCIEMENT

DE

L'ÉCOLE POLYTECHNIQUE.

M. le maréchal Soult est généralement connu comme le plus *tracassier* de tous les ministres. Il fait aujourd'hui ce qu'il défait le lendemain, et ainsi de suite. On sait que tous les ans cinq examinateurs, dont deux permanents, sont chargés de l'examen des élèves. Le 6 novembre 1843, une ordonnance exigea, pour l'emploi d'examinateur, la présentation de trois candidats, tant du conseil de l'École que de

l'Académie des sciences ; le conseil se soumit à l'ordonnance, mais l'Académie ne présenta qu'un seul
candidat, dont l'élection eut lieu le 30 juillet. Son
nom honorable (1) se trouvait aussi en tête de la
liste présentée par le conseil de l'École ; *cependant il
fut écarté.* Le second examinateur (2), désigné par
le conseil, n'a pas cru devoir accepter, par respect
pour l'Académie. Le ministre est allé chercher alors
M. Duhamel, examinateur de l'année dernière. Certes,
M. Duhamel n'est pas en cause, et nul ne lui contes-
tera ses titres honorables ; mais M. Duhamel, aujourd'hui directeur des études, ne peut procéder à
l'examen des élèves. Il est en rapport journalier et
continuel avec eux, et a dû se former des opinions
et des impressions qui sont incompatibles avec l'im-
partialité que doit avoir un examinateur.

Avant l'ordonnance de 1843, le conseil de l'École
et l'Académie ne présentaient qu'un seul candidat.
M. Soult a exigé que la liste fut triplée, afin que le
ministre, ayant à choisir sur six noms, put éliminer
ceux qui offrent des garanties d'indépendance et de
sécurité. C'était tout simplement établir le règne de
l'arbitraire. L'Académie n'a pas voulu s'y soumettre.
Alors, après le refus d'admettre M. Lamé, candidat
de l'Académie, et la démission honorable de M. Châsles, M. Duhamel a dû cumuler la place de *directeur
des études* avec celle d'examinateur. En faisant ainsi,
M. Soult a violé tous les précédents de l'École. Un

(1) M. Lamé. — (2) M. Châsles.

pouvoir faible a l'habitude de prendre l'arbitraire ou le bon plaisir pour de l'énergie ; mais, Dieu merci ! nous vivons dans un pays où les empiètements de l'administration ont été souvent réprimés.

Après avoir mécontenté presque tous les corps d'armée, être entré en guerre ouverte avec l'Académie, il ne manquait plus à M. Soult que la gloire de détruire l'établissement le plus utile, le plus national et le plus populaire de la France !

C'est avec un profond sentiment de douleur que nous le disons, mais au moment où nous écrivons, il ne reste pas un seul élève à l'École. Cinq élèves désignés pour passer l'examen de première année, s'y sont refusés en protestant contre l'illégalité de la nomination de M. Duhamel ; ils ont été immédiatement appelés chez M. le général Gauldrée-Boileau, commandant l'École ; les sergens majors s'y sont rendus à leur place, et ont déclaré avec respect que le refus de subir l'examen devant M. Duhamel était une mesure prise par toute la promotion ; le général ayant répondu par le renvoi des cinq élèves, toute la première division a quitté l'École ; elle a été immédiatement suivie par la deuxième.

Messieurs les professeurs et un grand nombre de membres de l'Académie, profondément affligés de cet état de chose, se proposent de réclamer en faveur du droit, de la justice et de la légalité, c'est-à-dire en faveur des élèves. Si absolu que soit M. Soult, nous croyons que ceux qui le remplacent ont poussé les choses à l'extrême. Il est déplorable de voir la première école scientifique et militaire de l'Europe dispersée en un matin, parce qu'il a plu au pouvoir de commettre une illégalité et de la maintenir.

Le doute n'est plus permis ; le *Moniteur* a inséré une ordonnance royale qui ordonne le *licenciement* de l'École ; cette ordonnance, datée du 17 et de Neuilly, est contresignée Mackau. Cette ordonnance qualifie de *désobéissance et de désordre* l'acte des élèves. En refusant de se soumettre à un examinateur nommé en dehors de toutes les règles ; les élèves sont restés dans la légalité, et le ministère seul en est sorti. Et maintenant, voici l'avenir de trois cents jeunes gens brisé par un caprice de M. Soult, et cela, au moment où l'Anglais nous menace encore, et où demain peut-être la France peut avoir besoin de ces jeunes gens au noble cœur, de ces élèves dont nous publions l'histoire glorieuse qui se résume en trois mots :

GLOIRE, — PATRIE, — LIBERTÉ.

NOTE

SUR LES ÉCOLES MILITAIRES

DE FRANCE.

I

On doit à Delanoue-Bras-de-Fer, qui écrivait en 1587, la première idée d'une école militaire. Le cardinal Mazarin, en créant le collége qui portait son nom, avait eu l'intention d'en faire une école militaire. A l'imitation de Mazarin, Louvois eut l'intention de fonder aux Invalides une école militaire ; l'établissement *des Cadets Gentilshommes* fut une conséquence de ce projet avorté.

En 1724, Pàris-Duverney conçut le vaste projet d'une école presque semblable à l'école Polytechnique. Le projet avorta. En 1750, le frère de Pàris-Duverney modifia le plan de son frère et le fit goûter à madame de Pompadour, qui provoqua l'édit de 1751. « Sire, dit-elle à Louis XV, ce sera le berceau « de la gloire placé à côté de l'Hôtel-des-Invalides,

« qui en est la retraite et le tombeau. » Le ministre D'Argenson eut une grande part à cette importante création ; l'École militaire de Paris contenait cinq cents élèves, orphelins d'officiers morts au service de la France. Une ordonnance de 1751 créa une décoration pour les élèves des écoles militaires. En 1776, l'hôtel de l'École Militaire ayant été vendu, les élèves furent répartis à Auxerre, Beaumont, Brienne, Dôle, Pont-à-Mousson, Tournon et Vendôme.

NOTICE HISTORIQUE

sur

L'ÉCOLE POLYTECHNIQUE.

II

Cette institution célèbre fut créée par la loi du 1er septembre 1795. Il n'existait alors que les écoles d'artillerie de Châlons et de Metz, celles de la *marine*, des *ponts-et-chaussées* et des *mines*. LAMBLARDIE, directeur des *ponts-et-chaussées*, comprit qu'il fallait organiser pour tous les services une *école préparatoire*; Monge partagea ses idées et les soutint avec chaleur. Il trouva des auxiliaires puissants dans CARNOT et PRIEUR (de la Côte-d'Or); l'École fut d'abord établie au palais Bourbon; des commissaires zélés la pourvurent des diverses collections scientifiques; les physiciens Barruel et Châsles y réunirent pour plus de 30,000 fr. d'instruments de physique; Neveu, Lesage, Baltard et Lomet l'enrichirent. Une loi du 28 septembre 1794 détermi-

nait qu'on ne pouvait admettre les élèves que de
l'âge de seize à vingt ans ; leur nombre était alors
de quatre cents. Le premier examen des élèves sor-
tant pour aller achever leur instruction dans les
écoles spéciales, eut lieu en 1797 ; cent neuf élèves
furent admis en 1799. Il fut établi par ordonnance :

1° Chaque candidat, en se présentant à l'examen,
devait déclarer à quelle partie des services publics
il se destinait ; 2° le nombre des élèves fut fixé à
deux cents ; 3° les élèves devaient rester deux ans à
l'école, ceux qui n'étaient pas admis à l'examen
restaient une troisième année après laquelle leur
exclusion devenait définitive s'ils n'étaient pas jugés
suffisamment instruits (fruits secs) ; 4° les élèves
devaient avoir un uniforme. C'était alors que se pré-
parait la magnifique campagne d'Égypte. Les professeurs Monge, Berthollet, Fourrier et 39 élèves al-
lèrent y prendre leur part de gloire et de périls.
Huit périrent et dix-sept coopérèrent à cette sa-
vante commission des sciences, qui conquérait sur
le temps et l'oubli l'égypte des *Ptolémée* et des
Pharaon. Le 16 décembre 1798, Laplace ajouta aux
services de l'École celui de l'artillerie de marine. Il
accorda aux élèves le grade de *sergent d'artillerie* et
le traitement correspondant ; il permit une qua-
trième année de perfectionnement. L'École sembla
renaître à dater d'un gouvernement plein de force

et de durée. De 1800 à 1805, Lucien Bonaparte remplaça Laplace au ministère, et fit, en faveur de l'École, tout ce qu'il lui fut possible de faire. Pendant la paix qui suivit le traité de Lunéville, des étrangers de distinction visitèrent l'École ; on remarqua surtout Volta, Brugnatelly, Humboldt, Rumfort. Les Élèves se montrèrent reconnaissants envers Bonaparte. Après la rupture de la paix d'Amiens, peu de jours avant le renouvellement des hostilités entre la France et l'Angleterre, les élèves versèrent au trésor public une somme de 4,000 fr. pour les frais de l'expédition de Boulogne ; cette offre à peine acceptée, ils offrirent au premier Consul leur épée et l'armement d'une péniche de trente hommes ; leurs désirs furent exaucés, et l'embarcation, construite par les élèves, fut nommée la *Polytechnique*, et placée sous le commandement de l'enseigne Charles Moreau.

En 1814, Napoléon, devenu empereur, organisa l'École en corps militaire et caserné ; le général Lacuée fut nommé gouverneur, et Gay de Vermon, commandant en second, directeur des études ; la pension des élèves fut portée à 800 fr., sans compter le trousseau, les livres et les instruments nécessaires ; des bourses furent réservées aux élèves d'un mérite distingué ; la translation de l'École dans les bâtiments du collége de Navarre eut lieu le 11 novembre 1805 ; chaque élève reçut, avec l'uniforme, un fusil et une giberne, le drapeau qui fut donné à l'École portait cette inscription : *pour la patrie, les sciences et les arts.* De 1806 à 1811, le programme de l'institution subit de notables changements. Il fut arrêté *que les élèves à la fin de la deuxième année seraient classés par ordre de mérite.*

Le 30 août 1811, l'empereur déclara que l'artillerie ne tirerait désormais ses élèves que de *Saint-Cyr,* du *Prytanée* et de la *Flèche* ; que le corps du génie continuerait à prendre à l'École Polytechnique les sujets nécessaires à tous ses besoins. Ce décret produisit un très mauvais effet, et Napoléon parut l'oublier, car, à diverses époques, il prit jusqu'à deux cent dix sujets. En 1812, Gay de Vermon fut remplacé par Malus, officier d'un rare mérite, celui-ci mourut et eut pour successeur Darivau, élève de l'École et officier du génie. L'École fournissait sans relâche des officiers à nos armées, sans cesse renouvelées par la mitraille depuis Arcole jusqu'à Leipzick. A mesure que les cadres du génie diminuaient, le patriotisme des élèves s'élevait à la hauteur des plus grands sacrifices. Dès les premiers jours de 1814, l'École, pour sa part du tribut volontaire, avait offert huit chevaux d'escadron tout équipés pour l'artillerie à cheval. Cette offre généreuse fut suivie de la demande, au nom de toute l'École, d'aller immédiatement combattre dans les rangs de l'armée ; Napoléon répondit qu'il ne voulait pas *tuer sa poule aux œufs d'or*. Un décret impérial ayant ordonné la formation de douze compaguies d'artillerie de la garde nationale ; trois compagnies furent composées des élèves de l'École ; l'entrée dans l'École de douze pièces de canons fut saluée par les cris de *vive l'Empereur !* Le 28 mars, les corps de Marmont et de Mortier n'étaient plus qu'à deux marches de Paris ; on organisa à la hâte une réserve de vingt-huit canons, servie par les élèves, auxquels on adjoignit trente canonniers de la garde. Le 29 mars 1814, cette réserve fut placée à la barrière du Trône. Le 30, pendant que les deux maréchaux, avec une poignée de soldats, défendaient le sol de la patrie contre les hordes du Nord, l'artillerie de réserve se porta sur la route de Vincennes, d'où elle canonna vigoureusement la gauche de la ligne ennemie ; aucune troupe ne soutenait ce mouvement, si ce n'est une compagnie de gendarmes à cheval.

Tout-à-coup ceux-ci sont ramenés par plusieurs escadrons russes, qui ne purent être reconnus pour ennemis que lorsqu'ils atteignaient déjà les pièces les plus avancées, celles-ci les accueillirent d'une décharge à bout portant et se replièrent vers la barrière du Trône ; resserrées dans un espace étroit, elles s'embarrassèrent entre les pièces qui n'avaient pas encore commencé leur mouvement et les caissons, de sorte que les escadrons ennemis ne pouvant franchir cette barricade, résolurent de la tourner. Alors les élèves dégageant deux pièces d'artillerie forcèrent les lanciers russes à la retraite. Un escadron de cuirassiers français étant survenu, se met à la poursuite des Russes, leur reprend deux canons, et les héroïques élèves traînant eux-mêmes les pièces privées de chevaux, recommencèrent le feu pour ne le cesser qu'à la fin du combat. Il y eut deux tambours tués; un officier et onze élèves blessés, le lieutenant Rostan et les élèves Deroys, Léger, François, P. Leclerc, Garcerie, Lenfant, Daudelin, Castaignède, D. Villeneuve, Gournand et Salomon; six autres furent faits prisonniers, Becquey, Forfait, Dorsenne, Duclos, Proust et Payn. A onze heures du soir, les élèves qui étaient demeurés à leur poste, reçurent l'ordre de se diriger vers Fontainebleau, mais plusieurs jours et plusieurs nuits d'un pénible service, les avaient tellement fatigués que soixante-seize purent seuls suivre le mouvement de la garde jusqu'à Fontainebleau. Le 18 avril 1814 l'enseignement avait repris son cours ordinaire, sous le gouvernement de Louis XVIII. Bientôt la division de la seconde année comptant quatre-vingt-sept élèves n'en put faire admettre que

cinquante-trois. Le général *Dejean* gouvernait l'É-
cole avec un soin tout paternel.

Lorsque l'Europe fut de nouveau ébranlée par
le glorieux prisonnier de l'île d'Elbe, les élèves furent de nouveau formés en compagnie d'artillerie;
soixante-dix élèves furent reçus et l'effectif fut porté
à deux cent vingt élèves. Pendant *les Cent Jours,* Napoléon visita l'École et lui remit un exemplaire de *la
Description de l'Égypte,* ouvrage sorti du sein de
l'École. Des changements importants eurent lieu
dans le personnel, Hassenfratz, Lacroix furent rem-
placés par Arago et Alexandre Petit. . . . .
. . . .
Quoique le 16 mars 1816 le conseil de perfectionnement eût rendu un excellent témoignage de la
conduite des élèves, le 12 avril ces élèves étaient en
état d'insubordination et le 13 ils étaient licenciés.
La voix des chefs avait été méconnue. En 1817, l'É-
cole réorganisée, fut mise sous la protection du duc
d'Angoulême, la pension fut portée à 1,000 francs
et le séjour réduit de quatre à trois ans. Le comte
Bordesoulte fut nommé gouverneur; M. de Cler-
mont-Tonnerre obtint du roi une ordonnance qui
autorisait l'admission de six élèves dans le corps de
la marine. En 1826 on constata que pendant vingt-
deux ans il y avait eu deux mille cent dix élèves reçus dans divers services publics.

En 183? les premiers cris de liberté étaient sortis de l'École Polytechnique. Un élève qui six mois auparavant était sorti de l'École pour avoir chanté *trop tôt la Marseillaise* dans un banquet, M. Charras appela ses camarades aux armes. Malgré les autorités de l'École quatre élèves furent envoyés à MM. Laffitte (1), Lafayette et C. Perrier, pour leur déclarer que l'École était prête à seconder leurs efforts. Les élèves de l'École avaient forcé les salles d'escrime et enlevé les fleurets dont ils firent sauter les boutons, puis ils étaient sortis avec l'uniforme de grande tenue. Dans la rue de la Montagne-Sainte-Geneviève ils furent accueillis par les cris de : *Vive l'École Polytechnique,* auxquels ils répondirent par les cris de *vive la Charte, vive la Liberté.* La lutte une fois engagée, les élèves se firent distinguer à la tête de toutes les bandes d'insurgés, M. Casimir Delavigne dit en parlant d'eux : — *Ces vieux généraux de vingt ans.* En effet, s'il y eut quelque ensemble dans les attaques dirigées contre la garde, on le dût aux élèves. Sur le quai de la Cité la foule était immense, le pont qui communiquait à la place de Grève était sans cesse balayé par la mitraille. M. Charras était l'épée à la main, en tête du pont; il venait d'hériter d'un fusil, mais les munitions lui manquaient, un enfant de seize ans lui montre un pa-

(1) MM. Lothon, Berthelin, Pinsonnière et Tourneux.

quet de cartouches et s'écrie : Nous partagerons si vous voulez me prêter votre fusil pour que *je tire ma part.* Sur ce même pont, un jeune élève de l'École s'élance un drapeau à la main : Mes amis, s'écrie-t-il : « *Si je meurs, souvenez-vous que je me nomme d'Arcole.* » Il tomba mort en effet, mais du moins le pont où tomba son cadavre a gardé son nom. Un autre élève, voyant que les Parisiens pliaient, leur dit en allant au-devant de la garde : *Je vais vous apprendre à mourir,* il tomba percé de balles. M. Charras à la tête de deux cents ouvriers avait attaqué la caserne de Babylone avec un courage héroïque, ses camarades Vanneau, Lacroix, l'Ouvrier et Cantrez, l'avaient admirablement secondé : le premier, frappé d'une balle au front tomba raide mort. Le 29, au pied du café du Carrousel, un élève fut tué par une balle perdue, ce fut le dernier. Quand on voulut distribuer six croix aux élèves de l'École, ils refusèrent et ne voulurent d'autres récompenses que celles que leur offrait le peuple dans sa reconnaissance.

En 1832 l'École a été réorganisée : la durée du cours complet d'instruction est de deux ans. L'École prépare à l'artillerie de terre et de mer, au génie militaire et maritime, elle fournit des ingénieurs hydrographes, des officiers de vaisseaux, des ingénieurs des ponts-et-chaussées, des ingénieurs aux mines, aux poudres et salpêtres et enfin des officiers au corps royal d'état-major.

M. le maréchal-de-camp Gauldrée-Boileau est commandant de l'École ; M. Guillemin, colonel du génie, commande en second ; parmi les professeurs et inspecteurs, on distingue MM. Wartelle, Bugnot, Demiau, Bourdon, Lefébure de Fourcy, Dinet, Duhamel, Mathieu, Demouserand, Chevreul, Liouville, Pelouze Régnault, Steuben, Charlet et Barthélemy Saint-Hilaire.

L'École Polytechnique n'est pas seulement une institution nationale, mais elle a commencé une ère nouvelle pour la science et les arts. L'empereur Alexandre a dit en 1815 : *C'est la plus belle institution humaine !*

Pendant les beaux jours de l'Empire elle a partagé notre gloire ; en 1814, elle a répandu son sang pour défendre le sol de la patrie ; en 1830, elle a combattu pour la liberté. Quelle est l'institution qui pourrait offrir de plus nobles et de plus belles pages ? Ah ! M. le maréchal Soult s'en souviendra sans doute et ne privera pas long-temps la France de cette École qui fait encore aujourd'hui sa gloire et son orgueil.

FIN.

Sceaux. — Impr. de E. Dépée.